LA PARTIE
DE BILLARD
D'un Ministre,

PAR M. E. LA*********.

PARIS,

CHEZ TOUS LES Mds. DE NOUVEAUTÉS.

1826.

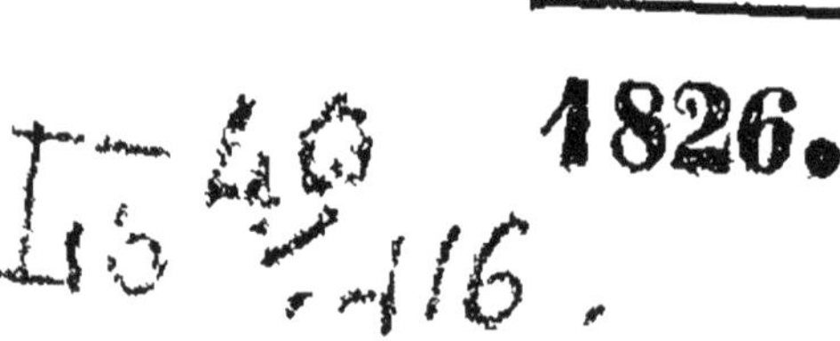

IMPRIMERIE DE SÉTIER,
Cour des Fontaines, n. 7, à Paris

AVANT-PROPOS.

MESSIEURS ET MESDAMES,

LE plus noble de tous les jeux est, sans contredit, le noble jeu de la CARAMBOLE; il est en même temps le plus utile, puisqu'il favorise le développement de toutes les grâces, entretient la santé par l'exercice, et fait quelquefois un Plutus d'un faquin qui en a profondément médité les combinaisons.

Le génie des Persicot, des Ming..., des Nant....., l'a élevé, de nos jours, au rang des arts, art charmant qui, de tous ceux que l'on cultive en France, compte le plus d'adeptes, le plus d'admirateurs.

Il n'est plus de ville, plus de hameau, qui ne puisse montrer avec orgueil un ou plusieurs individus de l'un ou l'autre sexe justement illustrés par lui : la chaumière a son *noble joueur*, comme le palais d'une Excellence.

L'histoire, l'ingrate histoire, ne nous a pas transmis les noms des nobles dames qui, dans l'antiquité, se sont distinguées au noble jeu de billard. Je ne sais si les *Sapho*, les *Arthémise*, les *Cornélie*, ont eu par lui quelque réputation ; mais ce que je n'ignore pas, c'est que les Dames de notre époque jouent de manière à exciter l'admiration des contemporains, et à faire revivre celle des anciens ; que pour une femme qui se rend célèbre par la peinture, la musique ou les lettres, on en compte au moins cent qui font parler d'elles en s'exerçant à la danse, et surtout à la carambole, deux arts qui ont entre eux une grande affinité

Paris, centre de la civilisation européenne, est une des villes du monde qui contienne le plus d'établissements pour l'étude de ce noble jeu, et celle où se trouvent réunis les plus savants professeurs et les amateurs les plus habiles. Mais le phénix des uns et des autres, le joueur sans pareil, le professeur par *excellence*, est celui dont je vais vous entretenir. Je l'ai vu ce grand homme, devant lequel doivent s'éclipser tous les joueurs passés, présens et futurs, jouer avec une égale facilité toutes les parties, Espagnole, Lorraine, Anglaise, Russe, et reculer les bornes de la partie Française, au point de la rendre méconnaissable, et même incompréhensible ; je l'ai vu ce premier garçon d'une des plus grandes entreprises qu'on ait jamais faites sur le noble jeu de carambole, recevoir 150 mille francs par an de ses commettans, pour veiller à leurs intérêts ; mais ce qu'il y a de plus étonnant, c'est que cet homme incomparable, cette Excellence des Excellences, possède en outre le merveilleux secret de faire d'énormes économies sans trahir son maître, ni tromper les joueurs et les nombreuses personnes qui font fleurir son établissement par leur zèle à remplir sa caisse, et plus encore par une confiance aveugle en lui.

Certes, Messieurs et Dames, un tel phénomène est bien digne d'un moment d'attention ; si donc le grand art de la carambole vous intéresse, lisez le récit fidèle et circonstancié de la partie la plus extraordinaire qui ait eu lieu aux rives de la Seine. Lisez, Messieurs et Dames, lisez!

LA PARTIE

de Billard

D'UN MINISTRE.

Le Ministre. — Eh! bonjour, mon ami, vous faites bien de venir, je m'ennuyais à mourir.

Le Secrétaire. — Mais il me semble que les graves occupations de Monseigneur doivent dissiper ses ennuis.

Le Min. — Oh! sans doute... Cependant, je l'avouerai, j'aime bien de temps en temps à rompre la monotonie de mes travaux par quelques petits plaisirs innocents.... Toujours des chiffres!... toujours des chiffres! ça n'est pas fort amusant.

Le Secr. — Quels plaisirs voulez-vous prendre, Monseigneur? voulez-vous monter à cheval, aller au bois de Boulogne?.....

Le Min. — Que me dites-vous là? Ignorez-vous que je suis toujours à cheval..... sur mon trois pour cent; je ne voudrais pas en sortir, je crains le grand air; et puis, je suis si bien dans mon hôtel, que je voudrais y rester toujours.

Le Secr. — Jouons au Domino.

Le ministre. — Je n'aime point ce jeu-là.

Le Secr. — Il est vrai que vous mettiez toujours du *trois* sur du *cinq* ou du *noir* sur du *blanc*: Vous en souvenez-vous?....

Le Min. — Si je m'en souviens! je le crois bien. Oh! j'ai trouvé!....... excellente idée! ma foi, jouons au billard....

Le Secr. — En effet, l'idée est bonne; on prend de l'exercice sans quitter son palais.

Le Min. — Je vous préviens que je ne suis pas fort.

Le Secr. — ni moi non plus.

Le Min. — Connaissez-vous bien les principes ?

Le Secr. — Soyez tranquille.

Le Min. — En ce cas vous m'indiquerez les coups : il y a plus de trente ans que je n'y ai joué.

Le Secr. — L'aventure est singulière : pourquoi avez-vous donc un billard ?

Le Min. — C'est pour amuser les personnes qui viennent dîner chez moi.

Le Secr. — Monseigneur, vous êtes bien l'homme du monde le plus prévenant, le plus aimable, le plus..... Enfin, lorsqu'on vous connaît, il faut vous aimer.

Le Min. — Que voulez-vous, mon ami, la politesse est mon élément ? Un homme d'Etat doit être prévenant, affable, sourire lors même qu'il n'en a pas envie ; cela n'engage à rien.

Le Secr. — Voilà de la bonne politique, ou je ne m'y connais pas.

Le Min. — Nous causons, et nous oublions la partie de billard; passons dans la salle.

Le Secr. — Allons.

(Ils entrent dans la salle de billard.)

Le Min. — Quel beau temps ! .... comme les arbres sont verts !... ouvrons les croisées; je prends une queue à procédé.

Le Secr. — Saurez-vous vous en servir ?

Le Min. — Pourquoi pas.

Le Secr. — C'est que ces queues à procédé ont été imaginées pour faire rendre.

Le Min. — Diable d'invention ! pour faire rendre; tout cela est bon, mais j'en prends une autre :..... rendre.....! rendre.... !

Le Secr. — Et moi, je m'empare de celle que vous venez de quitter.

Le Min. — Peu m'importe, commençons et tirons l'avantage.

Le Secr. — Votre Excellence sait le proverbe : A tout seigneur tout honneur! il est de mon devoir de vous donner l'avantage, et d'abord quelle partie jouons-nous ?..... est-ce au doublé ou au même ?

Le Min. — J'aime mieux jouer en doublant, çà va plus vite.

Le Secr. — Vous faites erreur, la partie est beaucoup plus longue.

Le Min. — Je ne vous comprends pas.

Le Secr. — On entend par doubler la bille, la faire frapper contre la bande avant d'entrer dans la blouse.

Le Min. — J'y suis. Eh bien! jouons le même.

Le Secr. — Comme vous voudrez. Mais je réfléchis, Monseigneur... peut-être vous amuseriez-vous davantage à la partie russe?

Le Min. — Rien n'empêche de la jouer. Dites-moi, avez-vous écrit à ces messieurs de Montrouge?.... Comment allons-nous?

Le Secr. — Pas mal, Monseigneur. Nous nous agrandissons, et dans peu, je l'espère, nous serons....

Le Min. — C'est bien, c'est bien.... Ces gens-là peuvent nous servir; mais ils sont d'une exigeance!...

Le Secr. — Je vais placer les billes; elles doivent être dans ce tiroir... Justement, les voici. Mon seigneur, prenez celle-ci. Moi j'en garde une.... et je mets la bille verte en bas, la bille jaune au milieu, et la bille rouge en haut: Je vous ai dit que je vous donnais l'avantage....

Le Min., *regardant les billes*. — Permettez, mon cher ami, j'ai une observation à vous faire.

Le Secr. — Laquelle, Monseigneur?

Le Min. — Parbleu, c'est jouer de malheur!

Le Secr. — Vous n'avez pas encore joué.

Le Min. — Ce n'est pas cela que je veux dire : Remarquez-vous qu'il y a trois billes sur le tapis?

Le Secr. — Sans doute, puisque c'est le jeu.

Le Min. — C'est le jeu... c'est le jeu,.. voilà qui est bientôt dit; mais vous en avez une dans votre main et moi une autre.

Le Secr. — Eh bien?

Le Min. — Eh bien! cela fait cinq.

Le Secr. — Je le sais, Monseigneur, et vous auriez beau faire, vous ne pourriez en diminuer le nombre.

Le Min. — Mon cher, vous devriez savoir que le nombre cinq m'est odieux, et que je ne puis le voir ou l'entendre prononcer sans que cela me fasse mal. . Vous en savez la cause. —

LE SECR. — Il est vrai, Monseigneur, que j'ai été bien imprévoyant. Laissons la partie russe et jouons l'autre... Je vais d'abord ôter deux billes pour rester à trois.

LE MIN. — Cela me regarde, mon ami, c'est moi qui vais les retrancher... là, nous voilà à trois; je suis soulagé.

LE SECR. — Monseigneur, pourquoi prenez-vous les deux billes? Il y a un tiroir au bout du billard...

LE MIN. — C'est ainsi que j'agis quand il me passe par la tête de retrancher quelque chose: C'est une économie.

LE SECR. — La méthode est bonne à suivre.

LE MIN. — Allons, commençons la partie au même.

LE SECR. — Je suis à vos ordres.... Quel joli jeu que le jeu de billard!

Le Min. — Il faut beaucoup d'adresse à cette partie ; elle me convient.

Le Secr. — Ah ! vous êtes adroit, Monseigneur.

Le Min. — Je défie au plus adroit de m'en revendre.

Le Secr. — Au billard ?

Le Min. — Non, mon cher, pas au billard, mais en politique. A moi la pomme pour les plans financiers, pour les conceptions hardies !

Le Secr. — Tout le monde le sait.

Le Min. — On a mal traité la loi sur le droit d'aînesse ; mes meilleurs amis m'ont abandonné.

Le Secr. — On ne peut se fier à personne ; et ce qu'il y a de plus contrariant, c'est qu'on se permet de faire des chansons.

Le Min. — Bah ! je m'en moque. Ils c[illegible] et ils paieront ; cela me cause [illegible] ouez le premier.

Le Secr. — J'y consens. Le talent d'un joueur est de se dessiner en s'appuyant sur le billard; Voyez comme mes formes prennent une jolie attitude! imitez-moi, Monseigneur.

Le Min. — Vous osez me proposer de dessiner mes formes!... C'est une très-mauvaise plaisanterie; si quelqu'un me voyait, on rirait.

Le Secr. — J'ai manqué de touche, cela vous fait un.

Le Min. — Vous dites que l'on me chansonne.... Je voudrais bien que l'on s'en avisât;... et qui peut se permettre une semblable irrévérence?

Le Secr. — C'est un Monsieur Cadet Roussel (1).

Le Min. — Qu'est-ce que ce Monsieur Cadet Roussel? est-ce un employé?

Le Secr. — Je ne crois pas.

Le Min. — C'est fâcheux, nous l'aurions destitué pour le punir.

Le Secr. — Comptez mon manque de touche.

Le Min. — Eh bien, un.... Vend-on beaucoup des chansons de M. Cadet Roussel ?

Le Secr. — Il n'y en a eu que cent mille exemplaires de vendus en cinq jours.

Le Min. — Oh ! je suis rassuré : Je vois qu'il n'y a que mes ennemis qui en achètent.

Le Secr. — A votre tour à jouer.

Le Min. — Ah ! j'ai fait la bille rouge.

Le Secr. — Comptez-en trois.

Le Min. — Je suis à quatre... Je continue... Diable ! me voilà dedans.

Le Secr. — Oui, vous êtes dedans de trois ; c'est un joli nombre.

Le Min. — Etes-vous bien sûr que je sois dedans de trois ? ce serait malheureux.

Le Secr. — Parole d'honneur ! et à

moi à jouer, sur le coup. Je vais tirer la bricole.

Le Min. — Je connais ça, j'aime assez à jouer la bricole.

Le Secr. — La voilà faite ! J'en ai six.... Essayons si je la ferai encore au milieu.... Je la manque belle.

Le Min. — Comment, cent mille exemplaires vendus en cinq jours! C'est incroyable.

Le Secr. — Tout autant. Et puis les illuminations, les pétards, les acclamations.

Le Min. — On s'avise d'illuminer !

Le Secr. — Et pour vous braver davantage, on met *cinq* bougies sur chaque fenêtre.

Le Min. — Et où cela s'il vous plait ?

Le Secr. — Dans tout Paris.

Le Min. — C'est égal, il faudra me faire faire une liste.

Le Secr. — Vous n'avez qu'à prendre

l'Almanach des 25 mille adresses, et vous aurez une partie des délinquants.

Le Min. — C'est bon, les destitutions vont marcher grand train.

Le Secr. — Je ferai observer à votre Excellence que ceux qui ont manifesté leur contentement, sont inamovibles.

Le Min. — C'est dommage.

Le Secr. — Est-ce à vous ou à moi à jouer ?

Le Min. — C'est à moi,.... je la ferai peut-être :... voilà le coup lâché !

Le Secr. — Et la bille manquée !.... je ne fais rien non plus ; je ne suis pas en veine.

Le Min. — C'est une bien sotte invention que l'imprimerie.

Le Secr. — C'est par elle que nous jouissons de la lecture de vos discours.

Le Min. — Elle n'aurait dû être inventée que pour cela ;... rien de plus juste !.... mais pour des chansons,.....

pour des journaux : .... c'est absurde. Sous Dagobert on vivait sans imprimerie, et on n'en était pas moins heureux.

Le Secr. — Et les sciences, les arts?

Le Min. — C'est du luxe chez un peuple civilisé.... Oh! le beau carambolage ; je vais tirer de la blanche à la noire.

Le Secr. — Dites donc de la blanche à la rouge.

Le Min. — C'est vrai, j'ai toujours en tête du noir ; et il n'est pas étonnant... Que dit-on d'Haïti?

Le Secr. — Ma foi, rien depuis hier.

Le Min. — C'est une assez bonne opération..... Voilà un coup de maître, la rouge entre dans la blouse du coin.

Le Secr. — Vous avez touché la blanche,..... marquez-en cinq.

Le Min. — J'en retranche deux, et je ne veux en compter que trois.

Le Secr. — Monseigneur, je ne veux pas de grâce.

Le Min. — Erreur, ce n'est point une grâce que je vous fais, puisque je les retranche.

Le Secr. — Oui, mais c'est à vous que vous retranchez ces deux..... Ce n'est pas l'embarras, il n'y aurait pas tant de mal, si vous eussiez toujours agi de la sorte.

Le Min. — Je ne veux rien avoir à démêler avec le nombre cinq, et je n'en marquerai que trois, ou je quitte la partie, je connais le jeu, et je ne me trompe jamais.

Le Secr. — Je me garderai bien de vous contrarier, Monseigneur; vous êtes l'*aîné*, et je dois céder. Cela vous fera sept au lieu de neuf..... Continuez de jouer.

Le Min. — Au moins vous êtes raisonnable...... Ah, si le Roi voulait m'écouter, comme je leur rognerais les ongles ! . . . . La liberté de la Presse......

LE SECR. — Sa Majesté est comme Henri IV, elle ne s'occupe que du bonheur de son peuple ; c'est un besoin pour son cœur.

LE MIN. — C'est égal, on devrait empêcher les écrivains de parler.

LE SECR. — Et les abus ?

LE MIN. — C'est précisément ce qu'il ne faut pas que le Roi sache.

LE SECR. — Il est vrai qu'il ne le souffrirait pas.

LE MIN. — On devrait me charger de rendre justice à tout le monde, nous n'aurions pas besoin de magistrats qui me contrarient quelquefois.

LE SECR. — Quelle noble indépendance ils ont montrée ! comme ils ont su respecter les institutions que nous tenons de Louis XVIII, et que son auguste frère a juré de maintenir ! voilà les véritables amis du trône et de la monarchie !

LE MIN. — Ah çà, où croyez-vous donc être, pour faire de semblables éloges ? pensez-vous que je puisse les endurer ?

LE SECR. — Oh ! pardon, Monseigneur...... N'entendez-vous pas quelqu'un de l'autre côté ?

LE MIN. — Ce sont sans doute mes invités d'aujourd'hui ; vous savez, mon cher, que j'en ai besoin ; c'est une charge que je me suis imposée dans l'intérêt de l'Etat..... Nous disons.....

LE SECR. — Que nous sommes six à sept.

Un valet annonçant. — Les convives de Monseigneur.

LE MIN. — Messieurs, soyez les bien-venus, vous voyez que je vous attendais..... Je dois le faire si je le prends bien.

UN CONVIVE. — Vous devez être un fort joueur, Monseigneur.

Le Min. — Mais,...... ah! diable! je n'ai pas touché.

Le Secr. — Vous avez fait plus, vous vous êtes blousé de trois.

Un Convive. — Ce n'est pas la faute de son Excellence, elle avait bien pris ses mesures.

Le Secr. — Vous ne vous en êtes pas moins blousé, Monseigneur.

Le Min. — Blousé!!! blousé!!! on ne fait que me corner çà aux oreilles depuis un an.

Un Convive. — Qu'importe, Monseigneur. Laissez crier, nous sommes-là pour vous rendre justice.

Le Min. — Vous me le prouvez tous les jours.

Le Secr. — Neuf à sept, et à moi... je n'ai rien fait.

Le Min. — Ni moi non plus.... Messieurs, quelle nouvelle?

Un Convive. — J'ai lu le *Drapeau*

blanc, l'éditeur de l'*Etoile* a été acquitté.. C'est un journal très-spirituel.

Le Min. — J'y fournis quotidiennement un petit article, chose extrêmement avantageuse pour le directeur : je ne me fais pas payer.

Un Convive. — Y défend-on la cause des Hellènes ?

Le Min. — Ma bille est au milieu, je ne puis l'atteindre.

Le Secr. — Penchez-vous sur le billard.

Le Min. — C'est juste ; maintenant je suis à même de jouer.

Le Secr. — Faites donc attention, Monseigneur.

Le Min. — Ne parlez pas sur mes coups, cela me dérange.

Un Convive. — Prenez garde, Monseigneur, vous vous ferez marquer !

Le Secr. — Vous perdez pied.

Le Min. — Laissez-moi, je vous prie.

Le Secr. — Vous allez tomber, c'est immanquable ; vous chancelez déjà.

Le Min. — Il n'y a pas de danger ; rassurez-vous, je me tiens ferme.

Le Secr. — C'est égal, vous tomberez

Le Min. — Vous plaisantez, je suis plus solide que jamais. (*Il tombe.*)

Le Secr. — Là ! je vous le disais bien.

Un Convive. — Au moins, Monseigneur, vous êtes joliment tombé.

Le Secr. — Votre Excellence s'est-elle fait du mal ?

Le Min. — Non, au contraire.

Un Convive. — Mais, il me semble que vous boitez ?

Le Min. — Vous savez bien que je ne marche jamais droit.

Le même Convive. — Ah ! c'est juste.

On entend rire aux éclats dans la pièce voisine.

Le Min. — Qu'est-ce ?

Le Secr. — Ce sont des collègues de ces messieurs.

Le Min. — Ecoutez donc.

Le Secr. — Ils disent, bravo ! il est tombé !

Le Min. — Ce sont des imbécilles.

(*à part.*) Ces gens-là ne savent que manger.

UN CONVIVE. — Il est présumable qu'ils ignorent l'accident qui est arrivé et qu'un tout autre motif..... En effet, j'aperçois un petit monsieur qui vient de faire une chute..... de cheval, là, sous vos fenêtres.

LE MIN. — A la bonne heure. (*en se frottant le côté.*) Je suis tombé aussi, voilà le plus malheureux de l'affaire.

UN VALET *entrant.* — Le dîner de Monseigneur est servi.

LE MIN. — Nous finirons notre partie demain.

LE SECR. — Sera-t-il encore temps? est-ce dans ce palais que nous l'achèverons?

LE MIN. — Il faut bien l'espérer.

LE SECR. — Dieu le veuille!

LE MIN. — Allons, messieurs, à table!

TOUS LES CONVIVES ENSEMBLE. — Cela nous va, Monseigneur, à table! à table!!!

FIN.

NOTE.

(1) M. Cadet Roussel, que je rencontrai sur le Pont-Neuf en face de la statue du bon Henri IV, le jour même de l'apparition de sa complainte sur l'horizon parisien, voulut bien me donner quelques nouveaux renseignements sur la trop fameuse congrégation : « Cadet Roussel, me dit-il, est un bon enfant, je m'en vante; et puisque vous voulez savoir ce que c'est que les Jésuites, écoutez, et regardez bien s'il n'y a pas quelques mouches autour de nous; car, voyez-vous, par le temps qu'il fait, ça pique, et ça n'est pas sain. Pour lors je vous dirai donc, que, de tous temps, les Jésuites ont l'habitude de tuer les Rois. Tenez, voyez-vous le grand Henri? c'était-y un bon Souverain celui-là? Eh ben! ce que je vous dis est vrai au moins, ils ne l'ont pas ménagé. Je ne peux y penser sans pleurer. Si l'on n'y prend garde, vous verrez que pareille chose arrivera encore; car Charles X est bon et confiant comme celui-là, et par ainsi il n'est pas plus en sûreté avec eux. Mais j'dis que où ce qu'il y a des Jésuites, les honnêtes gens doivent porter la cuirasse; car on voit sur les pages de l'histoire, le catalogue raisonné de leurs vilaines farces; il y en a furieusement, et ils s'en vantent! On y voit aussi

comme quoi on les a chassés de la France et de bien d'autres pays, à perpétuité; mais malgré ça ils sont par tout comme aut'fois, et par tout comme le solitaire de l'auteur de c'te tragédie qui fait tant rire, jusqu'à ce qu'ils soient parvenus à dominer tout le monde comme les ministres; car ils veulent des places et de l'argent; et on a beau leur en donner ils ne sont jamais contents. Savez-vous pourquoi? C'est qu'ils veulent tout accaparer. Mais heureusement toutes les places ne sont pas couchées sur le testament de ce M. de Douay ou de St-Omer; et puis les Tribunaux et les Cours souveraines ne sont pas là pour des prunes: Queuque beau jour on sera peut-être ben tenté de leur faire exhiber leur passe-port, et comme il n'est pas en règle, on les priera de s'en aller pour la quatrième ou cinquième fois, et ça sera juste.

« Pour vous en donner une véritable idée, je m'en vas vous en défigurer un. Imaginez-vous un mélodrame du ci-devant Panorama du boulevard du Temple ou bien de la Gaîté, pour ne parler que des vivants; car, voyez-vous, dans un mélodrame il y a toujours un Jésuite. Tout d'abord il est seul sur le théâtre et sa figure est sombre et farouche. Mais v'là qu'il arrive un grand seigneur avec sa princesse, ou bien un bourgeois avec sa femme; c'est égal. Pour lors le Jésuite prend l'air bon enfant, parce qu'il en veut à la bourgeoise qui est jolie. Mais le bourgeois qui n'donne pas dans l'paquet, dit comme ça à sa femme de s'en aller, et ben entendu, pst..... elle disparaît. Pour lors, v'là le Jésuite qui n'est pas content; mais qui dit comme ça au bourgeois, qu'il l'aime de tout son cœur; qu'il voudrait bien lui rendre service, et puis qui l'embrasse en l'appelant son frère et puis qui file en lui souriant dévotement et en s'arrondissant comme le solliciteur de la rue du Coq ou comme un mangeur de truffes chez un ministre. Pour lors, le bourgeois qui ne voit pas ce qui lui pend au nez, commence à se reprocher d'avoir renvoyé sa femme, et se dit comme ça : « C'est un bon garçon que ce Monsieur-là. » Il n'a pas plutôt fini qu'on aperçoit sous un grand manteau brun un homme qui s'approche tout doucement du bourgeois, qui lui donne par derrière un grand coup de poignard et puis qui se sauve comme un voleur afin qu'on ne sache pas que c'est lui a fait le coup. On l'arrête tout de même. Mais pour lors on voit d'suite arriver d'bons amis en robes longues et en robes courtes de toutes couleurs, qui disent bien haut, qu'il n'est pas coupable: on le relâche, on enterre le défunt: et v'là c'que c'est qu'un Jésuite.